AF248038

MA SORTIE

DE

QUIBERON.

Par Monsieur L. V. de la V....g.....o.

.... Quæque miserrima vidi,
Et quorum pars magna fui.

Virg. Æneid.

SAINT-BRIEUC,

Chez PRUD'HOMME, Impr.-Libraire.

1815.

AVANT-PROPOS.

UN vil insecte, aspic litté-
raire, qui s'intitule *le Censeur*,
a osé déclamer contre le monument dont un Maréchal de
France, digne appréciateur
des vertus guerrières, à donné la première idée. Mille voix
sans doute s'élèveront pour
venger l'attaque indécente et
déplacée qu'il s'est permise
envers un ministre, chef de
l'armée Française, et investi
de la confiance de son Roi.
Puisse cet infâme calomnia-
teur, nouveau Thersite, trouver sa première punition dans

A 2

ce récit , dont le seul but fut de rendre un hommage public aux généreux bienfaiteurs qui contribuèrent à sauver mes ours.

MA SORTIE

DE

QUIBERON.

Depuis trois mois, les corps d'émigrés aux ordres du Comte de Sombreuil, avoient quitté les avant-postes de l'armée Anglaise et avoient été relevés sur l'Ems. Ces corps, composés des régimens de Rohan, Béon, Damas, Périgord et Salm, n'offroient plus que des débris et un total d'environ dix-huit cents hommes. Deux campagnes sanglantes, toujours au bivouac et aux postes avancés, la retraite de la Belgique, celle plus précipitée encore de la Hollande, pendant l'hiver de 1794 ; la prise de Bois-le-Duc, si fatale surtout au régiment de Béon, l'affreux dégel qui succéda au froid le plus piquant, et le départ de beaucoup d'émigrés pour l'armée de Condé ; toutes ces circonstances avoient réduit à ce petit nombre, des régimens naguères au complet. Après avoir traversé une partie de la Westphalie et du Hanovre, ils avoient pris des cantonnemens dans la ville de Stade et dans les villages voisins, sur les bords de l'Elbe , occupés seulement à se refaire de tant de fatigues.

Enfin on signala deux frégates à Cukaven , et bientôt plusieurs bâtimens de transport entrèrent dans le fleuve et remontèrent près de Stade. Les ordres d'embarquement furent immédiatement donnés. Nous ignorions notre destination.

Des bruits fâcheux d'une expédition aux Colonies avoient déja circulé et soulevé tous les esprits. Les assurances contraires avoient un peu calmé cet orage dangereux , quoique passager , mais il régnoit encore parmi le soldat un levain secret , qui se fit sentir aussitôt et retarda le départ de quelques jours.

L'autorité du Comte de Sombreuil , notre coopération, une sérénité qui n'étoit pas dans nos cœurs , calmèrent ce désordre renaissant , et nous appareillâmes aussitôt l'embarquement. Nous descendîmes l'Elbe, nous entrâmes dans la mer du nord , où un calme de plusieurs jours nous retint , et nous mouillâmes pendant vingt - quatre heures dans la rade de Déal , à l'embouchure de la Tamise.

Après quelques allées et venues des Capitaines de transports , nous remîmes à la voile , nous entrâmes dans la Manche , et nous jetâmes l'ancre dans la rade de Sainte - Hélène , vis-à-vis Porstmouth. Nous y passâmes huit jours sans pouvoir descendre à terre , et sans être plus instruits du but de cette expédition.

Nous remîmes à la voile au bout de ce temps , pendant lequel nous avions embarqué d'immenses provisions d'armes, de munitions de guerre et de vivres. (1). Deux frégates nous con-

---

(1) Personne n'ignore aujourd'hui les immenses préparatifs que le gouvernement Anglais avoit fait pour assurer la réussite de cette importante expédition. Six mois au moins se passèrent à en calculer les détails , et à en combiner les élémens. Une correspondance sûre, une activité sans bornes avoient lié toutes les armées royalistes depuis la Vendée et le fond de la Normandie jusqu'au point du débarquement , de manière à faire présumer avec fondement qu'aucune armée républicaine ne pourroit s'opposer à la réunion des forces que l'Angleterre

voyoient, et le lendemain, à notre grande surprise et notre extrême joie, on nous annonça qu'une descente avoit été faite sur les côtes du Morbihan ; que les troupes qui l'avoient opérée, s'étoient emparé du fort Penthièvre et de la presqu'île de Quiberon. Bientôt, disoit l'ordre du jour, vous allez vous rejoindre à ces braves ; vous donnerez la main aux royalistes de ces contrées, et les aiderez à secouer le joug de l'anar-chie, en replaçant le sceptre dans les mains de l'autorité légitime. Nous ap-prîmes en même temps que Sombreuil étoit sur l'une des frégates ; Sombreuil qui nous avoit quitté et fait ses adieux à Déal, et qui depuis s'étoit arraché des bras de l'amie de son cœur, de celle dont, quelques jours plus tard, il de-voit être l'heureux époux, pour nous diriger encore dans ces nouveaux dan-gers ; et avoit sacrifié le bonheur et l'a-mour au salut de ses anciens frères d'armes, et à l'honneur de tous.

---

s'étoit proposé d'envoyer en Brétagne. A quelle cause attribuer le peu d'obstacles que rencontra Hoche, pour former, au camp de Sainte-Barbe, une armée de vingt-cinq mille hommes ?

Nous arrivâmes, et nous jetâmes l'ancre dans la baie de Quiberon , le jour même où le Comte d'Hervilly fit attaquer le camp de Sainte-Barbe , et nous fûmes témoins, quoique éloignés, du triste résultat d'une démarche à laquelle nous ne pûmes coopérer , et où tant de braves périrent glorieusement. Le lendemain nous débarquâmes ; et le régiment de Rohan, dont je faisois partie , prit ses quartiers , sur les cinq heures de l'après midi, au village de Kinaveste, à la distance d'environ une lieue du fort Penthièvre , et une demie lieue du Port-Orange. Je fus le lendemain , dès le point du jour , au quartier du régiment de la Marine , où servoit mon frère aîné , lieutenant de vaisseau , et qui m'avoit quitté à Utrecht, pour aller rejoindre ce corps en Angleterre. Il me fit part des événemens qui avoient engagé les chefs à s'emparer de la presqu'île, après avoir effectué la descente dans la baie de Carnac , et ayant eu d'abord l'intention de s'avancer rapidement dans le pays. Le désir d'avoir un lieu sûr pour faire le dépôt d'armes et

de secours que le gouvernement Anglais étoit dans l'intention de nous procurer, avoit déterminé cette opération,
qui avoit complettement réussi ; mais la
malheureuse attaque de l'avant - veille
faisoit craindre que Hoche , général en
chef de l'armée conventionelle , n'eût
déja rassemblé des forces suffisantes
pour empêcher l'armée de pénétrer dans
l'intérieur. Je revins au quartier de Rohan , à sept heures du soir , et je me
couchai dans la sécurité la plus parfaite :
mais quel réveil nous attendoit tous !

A deux heures et demie du matin ,
le 21 Juillet , quelques coups de canon
nous allarmèrent , et nous sortîmes en
avant du village, dans la direction du
fort Penthièvre ; le temps étoit affreux,
la mer agitée ; il pleuvoit à verse. Bientôt
nous vîmes paroître à cheval Sombreuil,
M.ʳ de la Villéon , lieutenant - colonel
de Rohan , et quelques officiers supé-
rieurs ; ils ignoroient la cause de cette
canonnade, parmi laquelle on distinguoit
de la mousqueterie , et ils alloient s'en
informer.

Un quart d'heure étoit à peine écoulé

que tous ces Messieurs reparurent. Ils étoient accompagnés du Comte de Puisaye et du Marquis de la Jaille, son aide de camp. Ces deux derniers venoient du fort, que la trahison avoit livré aux républicains. Sa garnison avoit été en partie livrée et égorgée, en partie tuée en se défendant. Tôt après cette fâcheuse nouvelle, des cris affreux se firent entendre, et précédèrent immédiatement l'arrivée d'une multitude de vieillards, de femmes, d'enfans, poussant des cris lamentables et fuyant l'approche de l'ennemi, qui se répandoit dans la presqu'île, en forces supérieures.

M.^r De Sombreuil, qui avoit quitté le Comte de Puisaye après avoir reçu de lui, pour tout ordre, celui de prendre la meilleure position possible et d'en attendre de nouveaux dans celle qu'il choisiroit, nous mit en mouvement, et nous ordonna d'aller occuper le Port-Orange, et de défendre à toute extrémité la batterie que Mr de Puisaye lui avoit dit être en bon état. Son but étoit de conserver ce point d'embarquement, s'il étoit possible, sans gêner ou obstruer ceux plus éloignés. Il nous engagea de plus à faire les plus grands efforts pour rallier et rendre le courage aux Chouans armés , qui se succédoient à chaque minute, et préparoient par leur fuite cette scène de désolation.

Nous eûmes bientôt atteint cette position , mais elle ne nous offrit aucune ressource. Nous n'y trouvâmes qu'une mauvaise pièce de vingt-quatre en fer , sans affût , et sans munitions, ni objets propres à son service. Ce fut dans cet endroit que nous rejoignit un de nos camarades , de Bois-Bossel , cadet au régiment. Il faisoit partie d'un détachement de vingt hommes que , la veille au soir, le corps avoit fourni à la garde du fort. De ces vingt hommes , dix-huit s'étoient fait tuer, et de Bois-Bossel, blessé à mort, à la tête , près une des tempes, s'étoit retiré avec un soldat qui l'avoit emporté du combat. Sa blessure l'avoit rendu fou. Il expira peu de momens après. Ce triste spectacle n'étoit que le prélude de nos malheurs.

(13)

Cependant les Chouans armés qui étoient dans les cantonnemens voisins du fort Penthièvre , arrivoient en foule et dans l'état le plus déplorable ; c'é- toient tous des pères de famille , âgés pour la plupart , et auxquels on avoit donné des fusils lorsque leurs enfans étoient passés dans le Morbihan , sous les ordres du général de Tinteniac , pour intercepter les convois de l'armée ennemie , gêner ses communications , inquiéter ses derrières. L'effroi leur avoit tourné la tête ; peu , en arrivant à nous , avoient conservé leurs armes ; ils fuyoient sans savoir où. Ce fut en vain que nous cherchâmes à les rallier ; ils se croyoient perdus et ne pensoient qu'à trouver le plus promptement pos- sible un lieu d'embarquement. En vain voulions-nous les retenir , ils bravoient nos menaces et eussent préféré périr par nos mains , à l'horreur de tomber dans celles de l'ennemi , qui , nous di- soient-ils , s'avançoit avec rapidité. Il ne tarda pas effectivement à paroître.

Lorsqu'il fut reconnu que le Port- Orange ne pouvoit être défendu , Mr de la Villéon , qui commandoit le régiment , et qui en avoit prévenu le Comte de Sombreuil , nous dirigea sur les villages de Saint-Julien et Quiberon. Sombreuil , après avoir été reconnoître l'ennemi , avoit envoyé au corps de la Marine l'ordre d'arriver promptement , et nous le rencontrâmes à peu de distance du Port-Orange , ainsi que des foibles détachemens de Loyal émigrant , Damas et Béon ; plus loin on distinguoit quelques six cents hommes des régimens du Dresnay et d'Hervilly. Ce fut dans ce moment que nous apprîmes que le Comte de Puisaye s'étoit rembarqué , sans avoir laissé d'autre ordre que celui donné à de Sombrueil , lors de son passage au quartier de Rohan.

Il ne m'appartient pas de le juger , l'histoire lui assignera la place qu'il doit occuper dans cette fatale journée ; mais que tous ceux qui , comme moi , y ont survécu , élèvent la voix et frappent d'anathême le sixième volume de ses mémoires.

L'indignation que produisit la nouvelle du départ de ce général en chef, fut universelle. Le nom de traître lui fut prodigué , et c'est peut-être à cette faute capitale de la part d'un homme qui avoit obtenu sa confiance , qu'il faut attribuer les outrages aussi sanglans que peu mérités, que la convention et ses agens , répandus partout , déversèrent sur le gouvernement Anglais , sur des ministres qui avoient tant fait pour nous , et dont le systême , suivi avec une persevérance et une énergie peu ordinaires, a préparé et opéré l'heureux retour du descendant de Henri IV et de Saint Louis.

Le cri unanime de l'armée chargea le Comte de Sombreuil du commandement. Ses dispositions furent faites à l'instant : il n'y en avoit point à perdre. Sa droite , appuyée à la mer , fut composée du régiment de Rohan ; le corps de la Marine formoit le centre , avec les débris de Damas , Béon et Loyal émigrant ; la gauche fut confiée aux restes des corps de d'Hervilly et du Dresnay; un moulin à vent en formoit l'extrémité , et la hauteur où ce moulin étoit placé, présentoit le double avan-

tage d'observer avec fruit les mouvemens de l'ennemi , et de porter nos
forces dans l'endroit le plus menacé.

Cependant dix hussards du corps
de Waren faisoient déja le coup de
pistolet. La nécessité bien reconnue de
n'entrer dans le pays qu'avec les moyens
de réussir , avoit engagé Mr de Puisaye
à créer ce régiment ; et les services si-
gnalés en tout genre , la bravoure et la
loyauté du Commodore avoient décidé le général en chef à le mettre au
nom et sous les ordres de sir John Waren. Le Comte de Marconnay le commandoit sous lui , mais il n'étoit pas
arrivé de chevaux d'Angleterre , et les
dix ou douze hussards montés , ne l'é-
toient que sur de très-petits chevaux ,
tels enfin qu'on en peut trouver dans
un canton si resserré. Ils n'en avoient
pas moins rendu les plus grands services ; et dans cette journée , ils firent
tout ce qu'on pouvoit attendre de la
bravoure et de l'expérience.

Les forces que nous opposions à l'ennemi pouvoient être d'environ mille
hommes. Nous nous ébranlons ; Som-

breuil , gêné dans ses mouvemens par une quantité de fossés en pierre , Sombreuil descend de cheval et marche à notre tête , l'épée à la main. Nos efforts furent d'abord couronnés du succès. Le centre et la droite firent rapidement reculer ce qu'elles avoient en tête , et je ne doute pas qu'en ce moment encore , il n'eût été possible de reprendre le fort , si nous avions eu du canon et quelques cavaliers de plus. Cette ressource, hélas ! nous manquoit. De huit pièces d'artillerie qui avoient été débarquées , la journée du seize de Juillet en avoit livré cinq à l'ennemi, et les trois autres, soit par manque de chevaux pour leur service, soit par toute autre cause , étoient restées au parc d'artillerie , placé à un tiers de lieue du fort Penthièvre , et tombées entre les mains de l'ennemi.

Cependant la droite conservoit ses avantages , et nous avions gagné un quart de lieue de terrain, lorsqu'un officier arrive de la gauche , et apprend au général que les soldats de d'Hervilly et du Dresnay , après avoir massacré une partie de leurs officiers , sont passés dans les rangs ennemis. Bientôt nous voyons la butte du moulin couronnée de troupes conventionelles ; nous distinguons quatre pièces de canon protégées par une soixantaine de chasseurs à cheval, Damas et Béon déja engagés et souffrant horriblement.

Cet événement rendoit notre situation de plus en plus critique. Une plus longue résistance sur la droite pouvoit nous faire couper. Le Comte de Sombreuil en sentit le danger, et voulant, jusqu'au dernier instant, conserver les moyens de protéger le rembarquement, il ordonna la retraite. Elle se fit en bon ordre sur les villages de Quiberon et Saint-Julien, qui furent occupés aussitôt par l'ennemi. A cent pas de ce dernier village, un bruit se répand qu'une couleuvrine y est oubliée : dix officiers et cadets de Rohan, Gouvello, Pinel, Lubersac, Gouzillon, Kerotem, de Chalus, Dascher, Lamour - Lanjagu, et moi courons pour la reprendre ; quelques autres braves nous suivent, et après quelques minutes d'un feu assez vif, nous ramenons à bras la couleuvrine. Gouzillon et le jeune Du Bois-Berthelot y furent grièvement blessés.

Nous traînâmes cette pièce jusqu'au fort de Portaliguen, comptant y trouver les moyens d'en faire usage. Vaine espérance ! aucunes munitions, nuls préparatifs n'avoient été faits pour la défense de ce fort, composé d'une simple enceinte de pierres mal liées ensemble. C'étoit cependant dans ce dernier asile où l'on nous avoit fait espérer pouvoir offrir une longue résistance, que quatre cents officiers et soldats, commandés par Sombreuil, se trouvèrent renfermés et cernés aussitôt jusqu'à la mer, qui, de plus en plus agitée, laissoit peu d'espoir que, malgré son vif désir, le brave Commodore pût nous envoyer ses chaloupes.

A peine le général Humbert, qui commandoit l'avant-garde républicaine, eut-il pris position à mi-portée de canon, et mis ses pièces en batterie, qu'il envoya deux parlementaires nous offrir de nous rendre à discrétion. Cette proposition, rejetée avec le mépris qu'elle méritoit, nous priva d'une cinquantaine

de soldats qui franchirent les retran=
chemens et passèrent à l'ennemi.

Mr de Sombreuil tint conseil , et il
fut alors unaniment décidé que nous
sortirions tous du fort , et que, secon-
dés par le feu très-vif que faisoient les
frégates sur la colonne ennemie , nous
nous précipiterions l'épée à la main dans
ses rangs, où du moins, si la victoire ne
secondoit pas notre courage , nous trou-
verions une mort glorieuse. Hélas ! pourquoi n'exécutâmes-nous pas cette généreuse résolution ? Pourquoi n'ajoutâ-
mes - nous point foi aux discours d'un
adjudant - général ennemi qui , ayant
trouvé moyen de s'approcher du fort ,
ne cessoit de nous répéter qu'une mort
ignominieuse nous attendoit , si nous
étions assez confians pour ajouter foi à
des promesses déja si souvent violées.

Cependant nous nous étions formés :
Sombreuil à notre tête donnoit déja
l'ordre d'ouvrir les portes , lorsque de
nouveaux parlémentaires se présentent
et demandent le général. Ils sont char-
gés de nous offrir une capitulation ho-
norable , vies et bagues sauves , et de

rester en otages , pendant que Sombreuil ira convenir avec le général ennemi des articles de ce traité solennel.
Pendant qu'on étoit occupé de cet im-
portant objet, Humbert demande qu'on
donne aux frégates l'ordre de cesser
leur feu. N'ayant point de chaloupes ,
le brave Gesril-du-Papeu , lieutenant
de vaisseau, attaqué de la fièvre depuis
un mois , quitte ses habits , se jette à
la nage, va communiquer au Commodore le désir de M.ʳ de Sombreuil , et
revient au rivage partager le sort de ses
compagnons d'armes. A son retour ,
tout étoit terminé , et la capitulation jurée solennellement ; Hoche et Tallien
venoient d'arriver et l'avoient égale-
ment signée.

Rien , dans ces premiers momens ,
ne dut nous faire présumer que la sin-
cérité et la bonne foi n'eussent pas pré-
sidé aux engagemens sacrés que l'on
venoit de contracter. Au bout d'une
demi-heure , on se mit en marche , et
nous fûmes dirigés sur le fort Penthièvre. Ce fut dans ce trajet, qu'un soldat
ayant voulu forcer M.ʳ du Croiset ,

quartier-maître du régiment de **Damas**, à lui donner ses éperons d'argent , Hoche , qui passoit en cet instant , s'arrête , en fait faire justice sur le lieu mê- même , et déclare qu'il traitera avec la même sévérité quiconque oseroit se permettre le moindre acte de violence contraire au traité que l'on venoit de signer , et par lequel nous conservions nos effets.

Nous arrivâmes, vers une heure de l'après-midi , au fort Penthièvre , où se rendoient de toutes parts des détache-mens d'officiers et soldats, surpris , soit dans leurs cantonnemens , soit isolé-ment. Bientôt se forma sous le fort une colonne de six à sept mille vieil-lards , femmes , enfans , qui s'étoient renfermés dans la presqu'île , et qui , poussés par la crainte et l'espoir de se rembarquer , à son extrémité , avoient été pris tous à la fois et ramenés dans ce lieu. Il étoit alors quatre heures de l'après-midi ; chacun attendoit impa-tiemment le moment de quitter le fort , et d'être à même de se procurer les ali-mens de première nécessité, **dont nous étions privés depuis la veille.**

Enfin, un roulement se fait entendre, et le silence le plus profond est
commandé. Le général Hoche, à cheval, prend la parole, et, après avoir
proclamé solennellement la capitulation,
dans laquelle Sombreuil seul, et nous
l'ignorions jusqu'alors, avoit refusé
d'être compris, il nous demanda notre
parole de nous rendre à Auray, où nous
recevrions une nouvelle destination. Le
départ est ordonné.

Non, même aujourd'hui, je ne doute
pas encore, que ce général et toute
l'armée ne fût dans l'intention de faire
respecter ce traité, consacré par tant de
sermens. Vingt traits, ou épars dans ce
récit, ou présens à ma mémoire, sont
autant de garans de la loyauté et de
l'honneur qui, dans ces temps de douleur, s'étoient refugiés sous les dra-
peaux du soldat.

A peine quatre cents hommes nous
escortoient en sortant de Quiberon,
harassés, plus fatigués encore que nous.
Ils nous firent assez connoître, par
l'honnêteté de leurs discours, des égards
soutenus, le peu d'attention qu'ils met-

toient à nous faire conserver nos rangs ; que , quelle que fût notre détermination , soit de nous rendre à Auray , soit de prendre un autre route , nul d'entr'eux n'y apporteroit obstacle.

D'ailleurs la nuit survint , nous fîmes deux lieues dans les ténèbres , et la fuite nous eût été facile. Nul de nous n'ignoroit que le pays où l'on passoit étoit peuplé d'amis , et qu'il trouveroit partout un refuge. Si , comme Tallien et ses suppôts ont voulu le faire croire , la capitulation n'eût pas existé , qui eût pu s'opposer à notre fuite ? Mais elle étoit réelle , et nous étions Français et soldats , c'est-à-dire , esclaves de notre parole. L'arrivée à Auray , dans les journées du lendemain et du surlendemain , de plus de trois cents de nos camarades , que l'épuisement ou des blessures avoient forcé de s'arrêter dans les compagnes , prouve suffisamment , je crois , qu'en se rendant au lieu indiqué , d'après la promesse qu'ils en avoient faite, ils comptoient rigoureusement sur l'exacte observation de celle qu'on leur avoit si solennellement donnée.

Je

Je fus du nombre de ceux qui entrèrent cette même nuit dans Auray , et furent entassés dans une église , où nous passâmes la plus cruelle des nuits. Dès le point du jour , les âmes bienfaisantes nous firent passer quelques biscuits, qui appaisèrent un peu la faim dont nous étions dévorés. Nous pûmes enfin nous reconnoître , et gémir ensemble sur l'événement malheureux qui nous avoit réunis dans un tel lieu. Je n'avois pas quitté mon frère. Nous nous réunîmes au V. de L. V. et au V. de L. H. nos cousins et du même nom que nous. Un autre , aussi du même nom , avoit été tué à l'attaque du seize Juillet.

Vers les dix heures , les officiers furent appelés ; nous fûmes conduits à la prison de la ville et distribués dans les chambres. Les officiers de la Marine , à la tête desquels étoit le respectable Comte de Soulanges , furent placés au second étage. Au dessous étoient le vénérable évêque de Dol, l'abbé de Hercé, son frère et son grand vicaire , et une douzaine d'ecclésiastiques qui l'avoient accompagné.

B

Les vivres étoient fort rares , et l'officier supérieur, chargé du détail des prisons , s'excusa auprès de nous, sur l'impossibilité d'en procurer ce jour-là et le
suivant. Il nous fit espérer que les fari-
nes ne tarderoient pas à arriver.

Ici commence pour moi la tâche bien
douce due à la reconnoissance ; mais
qu'il est difficile d'exprimer ce que mon
cœur sent si bien ! Comment peindre ,
non-seulement pour mon propre compte , mais encore pour tant de victimes ,
qui me chargèrent , avant d'aller au supplice , de payer cette dette sacrée ; comment peindre , dis-je, les élans de notre
gratitude pour tous ces anges de bien-
faisance , qui nous consolèrent et nous
nourrirent dans ces derniers instans?
Nous étions sur le bord de l'abîme , et
nous n'avions pas même l'idée d'une
violation pareille , de la sainteté des sermens. L'activité de ces dames , leur
zèle , une correspondance bien établie
leur apprit , même avant l'armée , le
sort que l'exécrable Tallien nous réser-
voit. Les soins de toute espèce nous furent prodigués par ces respectables per-

sonnes ; Dieu sans doute soutint leur courage et leur dévouement. Toutes les heures du jour étoient employées à fournir aux besoins que la disette faisoit renaître à chaque moment ; leurs nuits étoient dévouées à s'en procurer les moyens. Il faudroit citer tout Auray pour former le tableau fidèle de ces belles âmes. Qu'il me soit permis du moins de consacrer ici celles que j'ai été plus particulièrement à portée de connoître, et qui ont comblé mon frère, des parens, plus de cent de mes amis, et moi surtout , de ces soins délicats , de ces attentions que le cœur seul apprécie , de ces douces consolations qui réconcilient avec l'humanité.

Mᶜˡˡᵉ Emilie Vial , maintenant Mᵐᵉ Saint. , toute la famille Lauzer , Mᶜˡˡᵉ Béard, aujourd'hui Mᵐᵉ Léon , se multiplioient , se soutenoient , se recherchoient pour fournir aux besoins de tous. O jours de douleur et d'amertume ! qui eût pu vous supporter sans leur inexprimable bonté , sans ces moyens toujours nouveaux d'alléger nos souffrances , de calmer notre impatience sur

notre sort , de préparer par dégrés , à
ce supplice que leur destinoit la perfidie
et la violation du droit des gens , des
hommes qui commençoient à regretter
de n'avoir pu mourir au champ d'honneur ? Oh ! qui pourra payer cette dette
immense que tant d'infortunés ont con-
tractée dans leurs derniers momens envers ces modèles aimables de vertu et
de dévouement ? Que de souvenirs pré-
cieux ! que de douces larmes ! que de
procédés généreux !

Plusieurs jours s'étoient écoulés.
Traités avec douceur par les commis-
saires des prisons , avec bienveillance et
amitié par les officiers et soldats , dont
plusieurs avoient retrouvé parmi nous
leurs anciens chefs , nous ne doutions
pas que , sous peu de jours , l'ordre de
nous faire conduire dans nos départe-
mens respectifs , ne nous fût communiqué. Qu'on juge donc de notre surprise et de notre profonde indignation ,
lorsque le Comte de Sombreuil qui ,
ayant son logement en ville , venoit
passer avec nous tout le temps dont il
pouvoit disposer , lorsque Sombreuil ,

dis-je, nous apprit, vers les dix heures
du matin, que l'ordre de nous fusiller
tous étoit arrivé ; et que, sous peu de
jours, des commissions militaires, nom-
mées simplement pour la forme, com-
menceroient ces horribles exécutions.

Sa grande âme succomboit sous le
poids de cette exécrable perfidie, et son
regret d'avoir pu concourir à nous plon-
ger dans cet abîme d'iniquité, étoit
pour lui un fardeau insupportable. Ne
voulant ni figurer ni commencer cette
horrible tragédie, il nous quitta et nous
fit les plus touchans adieux. Il fut à l'instant chez le général, lui reprocha amè-
rement sa parole violée ; et sautant sur
un pistolet qu'il apperçoit sur la che-
minée, il l'appuie sur son front. Le
coup part, Sombreuil tombe, mais
l'arme n'ayant point de balle, la bourre
seule et la poudre lui entrent dans la
tête et le couvrent de sang.

La contusion étoit affreuse et d'autant plus remarquable que ce jeune guerrier étoit porteur du physique le plus
distingué et de la figure la plus agréable.

Nous méditions sur l'affreuse nou-

velle qu'il nous avoit communiquée et
sur le noble désespoir de ce héros , lorsqu'un bruit auquel nous étions peu ac-
coutumés vint nous surprendre. Quatre
soldats montoient l'escalier de la prison , portant sur un matelas un individu défiguré , sanglant , et présentant
en cet instant tous les caractères d'une
mort prochaine ; ils le déposent dans la
chambre où nous sommes réunis , et
nous savons enfin que c'est Sombreuil
lui-même, qui avoit pris congé de nous il
y avoit à peine une heure ; Sombreuil qui
avoit voulu mourir quelques heures plutôt , et que le destin réunissoit à ses
frères d'armes, pour leur donner jusqu'à
la fin l'exemple d'un courage énergi-
que et d'une vertu peu commune.

Malheureux , trop malheureux Sombreuil ! quels ne furent pas tes regrets,
lorsque revenu à toi-même , tu parvins
à distinguer et reconnoître tes amis ;
lorsque tu les vis te prodiguer les soins
du devoir , et que le souvenir d'un
cruel instant fit renaître dans ton cœur
les tourmens qui l'avoient porté au désespoir ?

Il y avoit des chirurgiens parmi nous ,
ils sont appelés ; ils lavent ses plaies ,
reconnoissent son état , et répondent
de sa vie.

Le général Humbert avoit frémi lors
du coup fatal par lequel cet infortuné
avoit voulu se soustraire à un jugement
inique. Les ordres qu'il avoit reçus lui
prescrivoient de le donner le premier en
spectacle , de multiplier pour lui les tourmens d'une horrible agonie, et d'effrayer,
par l'exemple inoui d'un attentat pareil ,
jusqu'aux braves grenadiers, témoins des
sermens de leurs chefs. Dès qu'il vit
que Sombreuil , trompé dans son vœu
de mourir par ses propres mains , pouvoit encore faire espérer de vivre assez
pour remplir le but des Cannibales avi-
des de notre destruction , il se hâta de
former et d'instaler la commission militaire d'Auray, qui devoit préluder à ces
scènes sanglantes , chef-d'œuvre du
machiavelisme conventionel et de la plus
insupportable tyrannie. Ce fut dans cet
intervalle , qui dura trois jours , que le
Comte de Sombreuil écrivit cette lettre,
dont quelques personnes ont paru dou-

ter, et qu'il adressa à sir John Warren, commandant l'escadre Anglaise dans la baie de Quiberon. Il fit prier le général Humbert de la faire passer, et nous en fit prendre des copies, avec promesse que, si quelqu'un de nous avoit le bonheur de survivre au sort qu'on nous destinoit, nous en distribuerions en France et en ferions tenir en Angleterre.

Nous étions parfaitement instruits par les personnes généreuses qui allégeoient le poids de nos malheurs, des mouvemens que se donnoit le général pour en finir promptement avec nous. Les officiers et soldats, tant ceux de la garde journalière de la prison, que ceux qui à chaque instant du jour se succédoient et venoient nous visiter, n'ignoroient plus ce qui nous étoit réservé, et gémissoient sur notre sort à venir. Le redoublement de délicatesse et d'intérêt que nous trouvions dans leurs procédés, suffisoit pour nous prouver combien ils étoient étrangers à la perfidie des Tallien et des infâmes agens qu'il s'étoit choisis.

Enfin leurs batteries sont dressées,

la commission est formée , un détachement de gendarmerie et de soldats de
ligne arrive aux portes de la prison ;
Sombreuil est demandé , et conduit
dans la salle des séances. Un concours
immense de peuple l'avoit suivi dans
sa marche , il a peine à pénétrer dans
ce lieu déja rempli par plus de trois cents
militaires , de ceux qui s'étoient trouvés
au Portaliguen , à l'instant même où la
capitulation fut et proposée et solennellement jurée. Plongés dans un silence
morne et profond , on pouvoit lire sur
leurs visages l'horreur dont ils étoient
pénétrés.

Le Comte de Sombreuil répond avec
briévèté aux questions qui lui sont adres-
sées par le président , et qui n'ont rap-
port qu'à lui ; il s'est excepté de la capitulation , il ne la réclame pas pour lui ;
mais , ne pensant qu'à ses frères d'armes , il invoque le témoignage de l'armée , des braves qu'il a combattus , de
ces grenadiers, témoins des sermens mu-
tuels de cette journée funeste. Trois
cents voix aussitôt répondent à cet ap-
pel et osent tout braver pour rendre hom-

mage à la vérité et à l'honneur. Trois cents militaires , la plupart couverts de blessures , rendent au jeune héros ce tribut de respect et d'admiration que la valeur doit au courage malheureux , et jurent, dans le plus saint enthousiasme, de ne pas souffrir que l'on égorge ainsi un guerrier fidèle à ses sermens , et si grand dans les fers. La commission se retire pour délibérer , et , motivant son arrêt sur la déclaration de l'accusé , et l'aveu si authentique de la capitulation , elle se déclare incompétente et cesse aussitôt ses fonctions.

Sombreuil est reconduit en prison , et nous rend compte de ce qui s'est passé.

Dans la nuit suivante, on battit la générale , et nous apprenons à huit heures du matin que de nouvelles troupes ont relevé la garnison d'Auray , qui de suite a quitté la ville. Blad , digne émule de Tallien , instruit de ce qui s'est passé la veille , a commandé cette mesure ; il ordonne la formation d'une nouvelle commission , avec l'intimation , sous peine de mort , de faire fusiller , dans les vingt-quatre heures, tout prisonnier né en France, qui avouera avoir émigré ; tout individu occupant un grade dans les Chouans, et même tout prisonnier étranger à la France, qui parlera de la capitulation ou s'appuiera sur elle (1).

Cependant la scène de la veille avoit frappé toute la ville, et occupoit tous les esprits. Quels qu'eussent été les soins et les ruses audacieuses de Tallien, de Blad et de ses adhérens, pour détruire l'idée du traité qu'ils avoient juré, ou pour en faire au moins le sujet d'un doute, Blad sentit que le cri de trois cents braves frappoit d'anathème et de mensonge ses insinuations perfides. Sa rage ne connut plus de bornes ; et voulant épouvanter les villes voisines, en multipliant ses sanglantes boucheries, il forma de nouvelles commissions à Van-

____

(1) D'après cet ordre, aucun chef de Chouans, quelque fût son âge, ne fut épargné. Du nombre de ces victimes, une des plus intéressantes fut le jeune Le Metayer, âgé de quatorze à quinze ans. A peine depuis huit jours il avoit rejoint pour la première fois le drapeau. Son éducation et sa naissance lui avoient fait accorder un grade. Sa mère ne cessa de l'exhorter à mourir qu'à l'instant ou il reçut le coup fatal.

nes et dans la presqu'île de Quiberon.
Le Comte de Sombreuil, le saint Evê-
que et son clergé, les officiers de du
Dresnay et d'Hervilly, et partie du corps
de la Marine sont enlevés de la prison
et conduits à Vannes. Deux ou trois seulement échappèrent, comme par mira-
cle, au sort affreux qui les attendoit.

Le reste du corps de la Marine, les
officiers de Rohan, Béon et Damas, et
quelques vieillards de la compagnie des
vétérans de la Châtre furent ramenés
dans la presqu'île de Quiberon, et nous
fûmes parqués au nombre de cent, en
plein air, dans une cour fermée de mu-
railles.

Il faut l'avouer, on étoit promptement expédié. Votre nom, votre âge, le
lieu de votre naissance, étiez-vous émigré ? voilà à quoi se bornoient les questions que nous faisoit M. Dubois, chef
du bataillon d'Arras et président de la
commission militaire qui nous jugea. La
réponse affirmative à cette dernière ques-
tion étoit le signal de votre condamna-
tion. De la chambre où siégeoit la commission, on vous faisoit monter dans

un mauvais grenier ; et aux approches de la nuit , vingt soldats , tristes exécuteurs des vengeances de quelques scélérats , conduisoient sur le bord de la mer, et y fusilloient vingt victimes dont le flot à son retour emportoit les cadavres. Dès le lendemain de notre arrivée , mon malheureux frère et dix-neuf autres officiers furent immolés (1).

Un officier nommé Mariaucour faisoit partie de cette commission. Le nom de mon frère l'avoit frappé ; et ayant su par son interrogatoire qu'il se trouvoit encore un individu du même nom, il vint me trouver après la séance ; et me tirant à part , il me demanda si j'étois parent des L. V. de Rennes. Sur l'affirmative, il me dit avoir été lié avec l'un d'eux , écolier, ainsi que lui , au collége de Louis-le-Grand , et témoigna le désir de m'être utile. Il m'apprit que, cédant à des considérations particulières , Blad avoit accordé un sursis aux jeunes gens émigrés avant l'âge de seize ans ; qu'il falloit aviser aux moyens

---

(1) Plusieurs échappèrent à la fusillade , en se précipitant dans la mer ; quelques-uns , du nombre desquels étaient le Chevalier de Kotem et Genot , gagnèrent à la nage l'escadre Anglaise.

d'en profiter ; qu'il partageoit avec toute l'armée l'horreur qu'inspiroit l'abominable sacrifice , dont la terreur la rendoit l'instrument , mais qu'il s'estimeroit trop heureux, si l'avis qu'il me donnoit et dont il me prioit de faire usage, en taisant son nom , pouvoit sauver quelques victimes (1).

O mon trop malheureux frère ! pourquoi cet avis ne me fut-il pas communiqué la veille ? Je n'eus rien de plus pressé que d'en faire part à mes infortunés camarades ; et il suffit, pour prouver combien l'armée étoit révoltée du rôle qu'on lui faisoit jouer, de dire que tous ceux qui se déclarèrent émigrés avant l'âge de seize ans, obtinrent ce sursis, quoique, chez plusieurs, les cheveux et les rides dénonçassent leur âge. Je pris moi-même le nom d'un de mes frères, qui avoit péri dans le Rhin et qui étoit plus jeune que moi : le sursis me fut accordé. Mariaucour ne borna pas là ses services. Depuis trois jours nous n'avions eu pour toute nourriture

______

(1) Blad avoit accordé ce sursis à la démarche de la famille du jeune Talhouet , dont une des sœurs fut se jeter à ses pieds. La beauté en pleurs amollit le cœur d'un tigre ; mais ce fut pour bien peu d'instans.

que chacun quatre onces de millet, nous étions exténués. Il trouva le moyen de nous procurer du vin et des alimens de première nécessité. Je n'ai point revu ni entendu parler depuis de cet officier estimable ; j'ignore même s'il existe encore, mais jamais mon cœur ne l'oubliera.

Nous fûmes reconduits à Auray, au nombre de trente, et nous rentrâmes dans la même prison. Deux officiers du régiment, l'un nommé Montbron, attaché à l'artillerie, l'autre nommé d'Assérac, dernier rejeton de l'illustre maison de Rieux, se trouvoient, ainsi que moi, compris dans le sursis. Ce furent encore les mêmes personnes qui prirent soin de nous, et qui nous continuèrent leurs visites bienfaisantes.

On pouvoit croire, avec quelqu'apparence de raison, que les émigrés en sursis avoient pour toujours échappé à la mort, et nous jouissions d'une plus grande liberté dans notre prison. Deux jours après mon retour de Quiberon, arrivèrent à Auray une de mes sœurs et Melle de la Guyomarais ; elles descendirent chez Melle Vial. Le frère de

Melle de la Guyomarais avoit péri le même jour que le mien. Il me seroit impossible de peindre ce que je souffris dans cette entrevue déchirante. Ce fut encore de Melle Vial que découlèrent ces paroles consolatrices qui, sans diminuer la douleur, calment le désespoir et adoucissent l'âme. Mêlant ses larmes aux nôtres, nous prodiguant les plus doux soins, cette adorable personne étoit pour Melle de la Guyomarais, l'amie la plus attentive ; pour ma sœur, la sœur la plus tendre ; pour moi, la meilleure des mères.

Privée d'un frère chéri dont elle avoit compté sauver les jours ou consoler les derniers momens, Melle de la Guyomarais, que la hache révolutionnaire avoit déja privée d'un père et d'une mère, quitta cette ville funeste, où ma sœur resta en attendant que mon sort fût décidé.

Cependant on ne fusilloit plus à Auray depuis quelques jours. L'officier, assez malheureux pour présider malgré lui la commission militaire, avoit, autant qu'il lui avoit été possible, saùvé, par la connoissance du sursis, une partie des malheureux qui avoient été présentés à son interrogatoire. Et combien plus se seroient soustraits à la mort, si Blad n'avoit introduit dans les commissions que des officiers Français d'origine ! Plusieurs émigrés s'étoient donnés pour Suisses ou Allemands, et ce brave homme ne leur avoit pas seulement demandé s'ils connoissoient le langage de ces peuples. Nous étions encore plus de cent cinquante émigrés dans la prison. Trois fois par semaine au moins, seul ou avec Montbron, auquel je m'étois lié particulièrement, j'allois dîner chez Melle Vial, où logeoit ma sœur, et quelquefois chez Mlle Béard. Mr de la Prade, ce digne et respectable président de la commission, venoit nous chercher lui-même, et, malgré le poids de la responsabilité qui pesoit sur lui, il nous confioit aux soins de l'amitié, et négligeoit même de nous demander notre parole (1). Nous dînions, nous nous

---

(1) J'ai eu le bonheur de retrouver, après douze ans d'absence, le brave et loyal de la Prade, à Saint-Brieuc ; il commandoit son régiment en l'absence du Colonel. Il voulut bien m'écrire pour me faire part de son rapprochement du lieu de ma demeure. Je laisse aux âmes sensibles le soin d'apprécier notre entrevue. Je passai deux jours avec lui ; son sort aujourd'hui m'est inconnu.

promenions avec ces dames aussi respectables que généreuses , souvent même
me nous sortions de la ville et n'y ren-
trions qu'aux approches de la nuit. C'est
dans une de ces courses que l'amitié,
nous ayant conduits plus loin que de
coutume et dans des chemins détournés et nouveaux pour moi, me conju-
ra de fuir et de me soustraire au sort
incertain dont j'étois le jouet. Oubliant
pour moi tout ce qu'elle pouvoit avoir
à craindre , prières , larmes , tout fut
mis en usage pour m'engager à saisir
ce moment si favorable. La reconnoissance d'un tel procédé me reste ; le devoir me défendit d'obéir à ses instances.

Vingt jours s'écoulèrent ainsi , et rien
ne transpiroit sur notre avenir. Soit dé-
faut d'exercice, soit disposition du tem-
pérament , depuis plusieurs jours j'a-
vois la fièvre , j'avois perdu les forces
et l'appétit. Persuadé , comme nous l'é-
tions tous , que nous ne pouvions tar-
der à être mis en liberté , je proposai à
Montbron de prendre en ville un appartement où je pusse me faire soigner ;
il y consentit avec plaisir. Il nous fal-

loit des cautions, tout Auray se pré-
senta. Mais, soit mauvaise volonté, soit
toute autre cause, le particulier, com-
missaire de la prison, que je m'abstiens
de nommer par égard pour sa respectable famille, mit obstacle à ce projet,
et refusa nettement de nous laisser sor-
tir. Nous fîmes part de cet incident dé-
sagréable au bon de la Prade qui réunissoit à sa présidence le commandement de la place. Il leva toutes les dif-
ficultés, en nous donnant à tous les deux
un billet d'hôpital. C'étoit le moyen as-
suré d'aller, sans obstacle, occuper
l'appartement que nous avions loué.

Nous nous rendîmes de suite dans
cette maison, et nous fûmes logés ensemble dans une chambre nue, si l'on
en excepte deux matelas que M.lle Vial
y avoit fait porter. Nous devions y passer deux jours pour la forme, M. De la
Prade l'avoit exigé. La chambre que
nous occupions étoit au second, et la
fenêtre donnoit sur un petit jardin et
une cour, ou plutôt une allée qui sépa-
roit ce petit jardin du principal corps-
de-logis dont plusieurs arcades formoient

le rez de chaussée. Au bout de cette cour , étoit un tas de paille. Un mur de six pieds de hauteur du côté de l'hôpital , de dix en dehors , défendoit la sortie. Ce mur se prolongeoit au loin et cernoit la ville , dont l'hospice , en cette partie , forme l'extrémité. En face de l'enceinte , étoient des champs fermés de haies vives. Dix minutes , mais dix minutes ineffaçables ont gravé dans mon esprit ces détails fastidieux.

Au milieu de la cour , et vis-à-vis l'entrée du principale corps-de-logis , étoit placée la porte du jardin , dont un factionnaire défendoit le passage jour et nuit. Adossées tout près de la porte , mais au-delà , étoient une vingtaine de planches nouvellement sciées , et que l'on avoit mises à sécher. Fuir et s'échapper de l'hôpital , autrement que par cette cour , étoit absolument impossible.

Les deux jours étoient écoulés , et nous comptions passer le troisième dans notre nouvelle habitation , lorsqu'à l'heure où les portes s'ouvroient pour ces dames , l'effroi et la douleur peints sur leur figure , nous firent assez connoître que des crimes nouveaux se préparoient.

Ma sœur, qui les accompagnoit toujours, étoit absente ; j'en demandai la raison. Ces dames nous apprirent que Mr de la Prade avoit, dès le point du jour, jeté chez Melle Vial un billet, par lequel il lui annonçoit que le général Le M...., arrivé de Vannes la veille au soir, lui avoit apporté l'ordre de faire fusiller, sans plus ample informé, tous ceux qui avoient obtenu le sursis ; que ce général lui avoit fait les reproches les plus durs sur le grand nombre d'émigrés auxquels il l'avoit accordé ; qu'il étoit surveillé, et que si nous étions encore en ville le lendemain, à quatre heures du matin, c'en étoit fait de nous.

Se sauver n'étoit pas facile, d'après le tableau que j'ai donné tout-à-l'heure de la situation de l'hôpital ; nous convînmes cependant de l'essayer à huit heures précises du soir. Passé cette heure, ces dames n'eussent pu nous être utiles, étant obligées de rentrer dans la ville, dont les portes fermoient tous les soirs comme dans une place de guerre. Pour

ne donner aucun soupçon , elles res-
tèrent peu de temps avec nous.

A midi, les sentinelles reçurent l'ordre
de ne laisser circuler aucun prisonnier
dans la cour. Le reste du jour nous parut
long , on peut se l'imaginer ; et , peu
d'instans avant huit heures , nous quit-
tâmes notre chambre , l'un de nous te-
nant un pot à l'eau , l'autre un chan-
delier ; nous descendîmes et parvînmes
sous les arcades sans être remarqués ;
mais au moment de pénétrer dans la
cour , nous apperçûmes le factionnaire
à la porte fatale , et force nous fut de
renoncer à notre projet de fuite et de
remonter dans notre chambre , ayant
bien peu d'espoir de pouvoir désormais
nous soustraire au sort qui nous attendoit le lendemain. Je dormis environ
deux heures , pendant lesquelles Montbron veilla constamment , les yeux col-
lés sur la porte du jardin. Toutes les
heures se renouvelloient , sans que chaque factionnaire la quittât d'un seul
instant ; et cependant il nous falloit
passer vis-à-vis , pour éviter la mort.
Décidés enfin à faire une dernière tentative, nous quittons notre appartement,

résolus de séduire la sentinelle par l'appât de l'or, dont nous ne manquions pas. Nos souliers dans nos poches, nous descendons sans bruit la première volée de l'escalier, et jetant pour la dernière fois les yeux sur la cour et le jardin, nous vîmes, à notre extrême satisfaction, le factionnaire se promenant dans le jardin et tôt après s'asseyant en face et à vingt pas de la porte. La lune étoit dans son plein, la nuit calme, nul bruit ne se faisoit entendre. Nous continuons notre route, nous entrons sous les arcades, et nous sommes dans la cour. Nous nous mettons ventre à terre, et nous traversons en rampant le passage de la porte, où la lune nous eût indubitablement trahis. Nous réussîmes, et nous relevant lentement, nous ne doutions plus de notre salut, lorsqu'un de mes souliers tombe de ma poche sur le pavé, et fait assez de bruit pour donner l'éveil. Crier qui vive, accourir à la porte, fut, pour le factionnaire, l'affaire d'une minute; et nous eûmes à peine le temps de nous tapir derrière les planches bienheureuses, dont j'ai parlé plus haut. Nous y passâmes le plus mortel quart-d'heure , à deux pieds de lui , retenant notre respiration et craignant que le moindre mouvement ne nous décelât. Le ciel ne le permit pas. Le factionnaire se décide enfin ; il reprend le chemin du fond du jardin , et nous arrivons au pied du mur qu'il faut franchir. L'un de nous y grimpe , aidé et poussé par l'autre ; il lui donne la main à son tour , et nous laissant tomber en même temps et sans accident grave , nous sommes libres.....

Plusieurs fois depuis cette époque mémorable , j'ai connu le prix de la liberté ; lancé , pendant nombre d'années , dans la carrière de l'adversité , plusieurs fois j'ai échappé à la mort , mais jamais je n'ai joui , comme dans ce moment , du bonheur d'être sauvé.

A peine hors de l'enceinte de l'hôpital , ignorant de quel côté tourner nos pas , nous nous jetâmes à l'ombre du côté de la haie vive qui prolongeoit le chemin que nous avions devant nous , et nous parcourûmes rapidement deux cents pas. Tout à coup nous entendons crier près de nous : Arrête , arrête ; et

nous

nous appercevons , au clair de la lune ; une paysanne âgée , qui se jette dans nos bras , en fondant en larmes, et nous témoigne , plus par ses actions que par un langage que nous ne pouvions comprendre , la joie qu'elle éprouve de nous voir à cette heure. Elle nous conduit à vingt toises de là , et nous fait monter par une échelle dans un grenier à foin, découvert en partie, où nous passâmes le reste de la nuit à nous féliciter , Montbron et moi , de l'heureuse issue de notre entreprise.

Il étoit huit heures du matin , lorsque la bonne paysanne revint à notre grenier et nous apporta des fruits et du pain. Peu d'instans après , ces dames vinrent nous voir et jouir d'un spectacle si doux pour leurs cœurs généreux. C'étoient elles qui , forcées de rentrer en ville, après la tentative inutile que nous avions faite à huit heures la veille, avoient aposté cette brave femme pour veiller toute la nuit , cachée dans la haie , et nous conduire dans cet asile , si , plus tard , nous étions assez heureux pour tromper nos gardiens et franchir les murs de notre prison. Combien elles se trouvoient heureuses, au milieu des angoises qu'elles éprouvoient! A cette même heure, on conduisoit à la mort une partie de nos malheureux camarades. D'autres devoient y marcher dans le courant de la journée ; le reste, le lendemain et les jours suivans. Ma sœur étoit partie la veille et attendoit à quelques lieues d'Auray, dans une cabane hospitalière, la nouvelle de notre fuite ou celle de notre supplice. Mlle Vial venoit de lui envoyer faire part de l'heureux succès de ses soins.

Nous n'étions cependant pas tout-à-fait hors d'embarras. Différens postes de Républicains, placés dans les campagnes voisines, battoient le pays dans tous les sens. Les guides ordinaires des Chouans, gênés par la présence de ces troupes et terrifiés par cette épouvantable fusillade, craignoient de se compromettre et se refusoient à nous conduire. C'est ce que nous apprit Mlle Vial qui, après s'être séparée de nous le matin, avoit été chez plusieurs de ces guides, pour les engager à nous transférer, cette nuit même, dans un lieu sûr. Nous lui fîmes sentir néanmoins que notre situation devenoit de plus en plus critique ; que plusieurs enfans étoient montés dans ce grenier depuis que ces dames nous avoient quittés, et qu'il s'en étoit peu fallu que nous n'eussions été découverts ; qu'en outre cet asile étant fort prés d'un corps-de-garde, la nouvelle de notre fuite une fois parvenue au général Le M...., il ordonneroit indubitablement des recherches qui pourroient nous devenir funestes.

Cette demoiselle sentit parfaitement toute la justesse de nos raisons. Elle nous quitta aussitôt pour aller faire de nouveaux efforts auprès des guides, et nous recommanda de veiller jusqu'à neuf heures. S'il ne vient personne alors, nous dit-elle, vous pouvez dormir tranquillement, ce retard sera la preuve certaine de l'impossibilité de vous conduire ailleurs pour le moment.

Neuf heures sonnèrent, rien ne parut, et nous nous livrâmes au sommeil le plus profond. Notre bonne femme nous réveilla vers les sept heures le len-

demain , et nous étonna par ses exclamations répétées : elle paroissoit surprise
de nous trouver. Ne sachant point la
langue du pays, nous attendîmes de ces
dames la solution de ses démonstra-
tions , qui devenoient pour nous une
véritable énigme. Elle nous quitta aussitôt , pour aller les chercher. Bientôt
elles arrivèrent dans notre retraite , et
nous connûmes les nouvelles obliga-
tions que nous venions de contracter.
Mlle Vial ayant usé tous les moyens de
décider un guide pour nous conduire ,
et n'ayant pu y réussir , se rendit chez
les dames Béard et Lauzer, leur fit sentir la nécessité d'un prompt départ et
revint avec elles nous chercher. Bravant
le froid de la nuit et les dangers d'une
pareille entreprise , et oubliant tout pour
notre salut , ces trois dames , dont la
plus âgée comptoit à peine son ving-
tième printemps , résolurent de nous
conduire elles-mêmes dans un lieu sûr.

Mais l'heure étoit passée ; nous dor-
mions, et si profondément que nous
n'entendîmes ni le signal convenu , ni
nos noms hautement prononcés , ni les
coups répétés qu'elles donnèrent dans

la porte. Elles nous crurent partis ; et comme ce ne pouvoit être que depuis peu de temps , elles prirent aussitôt la route dont, plusieurs fois dans cette journée , nous nous étions entretenus, et qui devoit aboutir à la première habitation où nous pourrions être en sureté. Je dirai bientôt quel asile leur noble et généreuse amitié nous avoit réservé.

Elles se rendent dans cette maison hospitalière : nous n'y avons point paru. Consternées, ne sachant ce que nous pouvons être devenus, craignant qu'une fausse direction ne nous ait remis au pouvoir des assassins , ces dames reprennent , au point du jour, le chemin d'Auray , où elles arrivèrent sans rencontre fâcheuse , mais horriblement fatiguées d'une nuit aussi pénible pour le physique que pour le moral.

Leur premier soin fut de donner à la digne femme qui nous avoit logés , l'ordre d'aller de suite effacer dans le grenier la trace du séjour que nous y avions fait. Elles lui communiquèrent la nouvelle de notre départ et leur incertitude déchirante et cruelle sur notre sort.

C'étoit sur cette croyance que cette bonne vieille, surprise à notre vue, avoit fait entendre ces exclamations si obligeantes pour nous.

Il fut décidé que, dans la soirée, au coup de neuf heures, et sans faire de nouvelles tentatives auprès de qui ce fût, ces dames se rendroient à quelque distance de notre refuge, d'où la brave et respectable paysanne viendroit nous tirer et nous conduire vers elles.

La journée se passa sans événement ; la bonne vieille arriva à l'heure convenue, nous fit dans son langage les plus touchans adieux, et nous déposa au sein de l'amitié protectrice.

Que de fois, dans cette dernière journée, nous avions réfléchi, Montbron et moi, sur le noble et généreux dévouement des êtres, j'oserois dire surnaturels, que la Providence nous avoit fait connoître ! Mon cœur et le sien, j'en suis garant, n'ont jamais pu y penser sans s'être sentis pénétrés de la plus tend.e reconnoissance. Oh ! combien j'aime à en exprimer ici l'hommage ! Quel bonheur, quelle douce satisfaction ! de pouvoir leur dire en ce jour ;

« Depuis dix-neuf ans, la prudence
« me fermoit la bouche ; je ne pouvois
« publier hautement vos vertus, vos
« bienfaits, la conservation d'une vie
« qui vous appartenoit à tant de titres :
« aujourd'hui jouissez de votre ouvra-
« ge ; j'ai vu le retour d'un Souverain
« adoré ; le palais des rois n'est plus
« souillé par la présence de l'étranger ;
« tous les Français sont les enfans du
« Prince que le ciel nous a rendu ; tous
« ceux qui ont sauvé une victime ont
« des droits sur son noble cœur. Pour
« enlever au supplice des sujets fidèles
« à leurs sermens, vous bravâtes les
« outrages du pouvoir, la tyrannie du
« jour, la mort même ; recevez-en la
« douce récompense : votre Roi sut vous
« distinguer et vous apprécier. Son au-
« guste Neveu, l'époux de Marie-Thé-
« rèse, de cette noble fille du Roi Mar-
« tyr, est venu lui-même rendre les
« derniers devoirs aux défenseurs du
« trône de ses aïeux, et consacrer le sou-
« venir de vos bienfaisantes vertus. Ce
« monument qui va s'élever sur ce champ
« funeste, arrosé de tant de sang ; ce
« tombeau que vous désiriez depuis tant

« d'années , et dont le gouverneur ai-
« mable et juste auquel Louis XVIII a
« confié le soin de ses fidèles Bretons,
« vient d'ordonner l'établissement ;
« tout, dans ces lieux funèbres, attes-
« tera votre héroïque dévouement à la
« cause sacrée de nos Rois.

« Chaque famille pourra désormais
« aller pleurer en liberté auprès de vous,
« et se dire que les derniers momens
« d'un fils, d'un frère, d'un époux chéri
« n'ont pas été privés de toute conso-
« lation. Combien je hâte , par mes
« vœux , l'instant d'y retourner moi-
« même ; de vous présenter , dans ces
« enfans qui vous doivent leur père ,
« le tableau le plus touchant des bien-
« faits dont vous fûtes prodigues en-
« vers lui. Ici, leur dirai-je , votre père
« infortuné, victime, comme tant d'au-
« tres , d'une insigne perfidie , devoit
« être immolé, à peine à la fleur de son
« âge ; voilà les mains qui ont brisé ses
« fers , et l'ont rendu à la société ; là
« est l'asile sacré où, pendant plusieurs
« mois , il échappa à la persécution ;
« plus loin , ce bois chéri , cette som-
« bre allée , où , pendant tant de jours,

« invisible aux yeux des traîtres, la gé-
« néreuse amitié veilla seule autour de
« lui, et conserva ses jours. O Kerso!
« campagne chérie ! comme ton nom
« fait encore palpiter mon cœur et cou-
« ler mes larmes ! Dix-neuf années ont
« passé, le malheur m'a long-temps
« poursuivi ; mais depuis la restaura-
« tion du fils de saint Louis, j'ai ou-
« blié le malheur, et ne me suis sou-
« venu que de mon séjour au sein des
« douces vertus et des soins conso-
« lateurs ».

Nous avions donc quitté ces murs où
six semaines avoient vu si souvent se
renouveler le combat si inégal du courage et de l'humanité, contre le crime
et la perfidie. Après deux ou trois
alertes, occasionnées par des patrouilles
ennemies, et qui nous forcèrent de prendre des chemins détournés, nous con-
versions avec sécurité et exprimions bien
foiblement sans doute notre extrême
gratitude, lorsque des sanglots déchirans et à peine étouffés nous apprirent
quelle terre sacrée nous foulions sous
nos pieds. Qu'on juge de la position et
de l'état cruel de ces dames, forcées,

pour nous sauver, de se trouver, dans le silence de la nuit, au milieu de ces ombres sanglantes, malheureuses victimes d'une politique atroce. Nos cœurs partageoient l'horreur de ce cruel moment : qu'il fut pénible pour nous tous !

Nous nous arrachâmes enfin de cet horrible lieu, et nous arrivâmes à la campagne de Mme Lauzer, mère de l'une de nos généreuses protectrices. Une douce surprise m'y attendoit encore. Le lendemain du départ de ma sœur aînée, et le jour même qui avoit suivi notre fuite de l'hôpital, étoit arrivée à Auray une autre de mes sœurs. En entrant dans la ville, elle avoit appris le renouvellement de l'épouvantable boucherie dont on lui dit que je devois être victime ce même jour. Il est facile de se peindre sa joie lorsque Melle Vial, chez laquelle elle se rendit directement, lui apprit que toute espérance de me revoir ne lui étoit pas ravie. Cette demoiselle lui procura un déguisement et la fit conduire à Kerso, dans cette même campagne où nous venions d'être guidés par l'amitié. Elle ne me prévint ni de son arrivée, ni du lieu de sa retraite, qu'au moment de m'y réunir, qu'à l'instant même où me précipitant dans ses bras, elle avoit tant de droits de se dire à elle-même : c'est à moi que sa sœur doit le bonheur de le revoir, et de pouvoir annoncer à sa famille qu'il n'est pas privé pour toujours de ses doux embrassemens.

Je pourrois aller bien au-delà de ces temps désastreux qui se sont prolongés si long-temps pour moi. Le bonheur et la paix que je goutai au milieu de cette respectable famille, la peinture de ses mœurs patriarcales, les dangers que ces dames coururent ainsi que nous, le courage dont elles nous donnèrent l'exemple, ce fardeau de la vie qu'elles nous aidèrent à supporter et qu'elles se plaisoient à embellir, offriroient un champ bien vaste à une plume plus exercée. J'aurois pu décrire nos projets, nos occupations, notre séparation, si douce et si cruelle à la fois, et ces hasards, dirai-je heureux, qui accompagnèrent ma translation dans les Côtes-du-Nord et me réunirent à ma famille, pour quelques mois seulement (1). La guerre

____

(1.) Je n'ai revu qu'une fois, depuis notre première séparation, les trois anges qui me sauvèrent ; mais

civile qui ravagea notre pays , ses effets dans ces cantons, la paix factice de 1796, la révolution du dix-huit Fructidor , ma déportation en Suisse , mon retour en Bretagne et le renouvellement de la guerre à cette époque étoient autant de sujets à traiter ; mais c'eût été m'éloigner du seul but que je m'étois proposé , le seul qui ait pu m'engager à faire imprimer ce récit , le désir de rendre un hommage public à la reconnoissance. Mon cœur d'ailleurs , ulcéré peut-être par des plaies trop récentes , par des connoissances trop certaines , par les cris toujours nouveaux et déchirans de quatre frères , victimes infortunées de notre trop longue révolution, n'auroit pu qu'avec peine retenir les élans d'une juste indignation. Le fils de saint Louis a parlé , il a pardonné.......
Qui oseroit se plaindre , lorsque Louis pardonne ?

---

leurs sœurs et leurs amies ont quelquefois voyagé dans ce pays. L'une d'elles, comme je l'ai dit, est morte victime de son zèle et de sa vertu. Combien les deux autres mériteroient que leur fortune fût d'accord avec le bonheur qu'elles répandent autour d'elles.

FIN.

www.ingramcontent.com/pod-product-compliance
Lightning Source LLC
Chambersburg PA
CBHW051134050726
47594CB00003B/1083